AF242516

SUR

LA NAISSANCE

DU

ROI DE ROME.

SUR

LA NAISSANCE

DU

ROI DE ROME.

Fortes creantur fortibus et bonis.

~~~~~~~~~~~

PARIS,

DE L'IMPRIMERIE DE J. G. DENTU,

Rue du Pont de Lodi, n° 3, près le Pont-Neuf;

1812.
~~~~~~~~~~~

SUR

LA NAISSANCE

DU

ROI DE ROME.

~~~~~~~~~~~~

Salut, Roi de Rome ! doux espoir du
monde, salut! Quelles destinées brillantes,
ô fils de Napoléon, te sont réservées ! Tu dois
un jour gouverner le puissant Empire des
Gaules. Combien de peuples heureux sous
tes lois béniront le ciel de ta naissance ! Nos
vœux avaient fatigué pour toi le Destin ; il a
enfin exaucé nos longues prières. Le bronze
enflammé vient de retentir le long des collines
qui bordent les prés de la Seine ; mille bronzes
répètent ce bruit jusqu'aux rivages lointains.
La fière Albion se trouble ; elle frémit ; sans
doute elle craint que les enfans des Gaules ne
se précipitent sur ses bords. Albion, tu dois
redouter plus que jamais le vainqueur de l'E-
gypte. Des cris de joie s'élèvent par-tout dans
les airs ; tous les cœurs s'abandonnent à la
~~~~~~~~~~~~

douce ivresse du plaisir. L'Univers, ô jeune enfant, voit dans toi le gage de son bonheur! La Nature elle-même a pris part à l'allégresse commune ; les frimats qui ont si long-temps obscurci nos contrées, se dissipent et font place aux douces haleines du zéphir. La terre se couvre d'une nouvelle verdure ; l'aimable printemps arrive, et traîne à sa suite les chantres ailés des bois qui viennent célébrer ta naissance.

Salut, Roi de Rome! salut noble rejeton de la race des héros! Ton illustre origine s'annonce à nos yeux ; ton berceau n'est pas mollement suspendu aux branches flexibles d'un lilas, parmi les myrtes et les roses. Il est soutenu, au milieu de mille trophées, par les javelots, les boucliers et les armes de cent peuples divers. L'airain captif, façonné par des mains habiles, s'élève à l'entour en longues colonnes ; le burin fidèle y a retracé des évènemens que toi seul tu croiras possibles. Roi de Rome, tu es élevé dans le tumulte des camps, et les premiers sons qui vont frapper tes oreilles, leur seront apportés par mille instrumens guerriers. A peine tes yeux s'ouvriront à la lumière, qu'ils verront le fer des lances et le casque ondoyant. Tes regards

s'arrêteront avec complaisance sur les dra-
peaux flottans au milieu des airs. La vue d'un
nouveau panache ne pourra t'effrayer. Tu
sauras même distinguer bientôt l'aigrette de
la victoire. Tes mains, tes impatientes mains
voudront saisir de bonne heure le dard pe-
sant des combats, et tes pas chancelans s'af-
fermiront au bruit des fanfares belliqueuses.
Trop jeune encore, tu ne peux voir les braves
qui ont combattu avec ton père : ils viennent
en foule, dans les transports de leur joie, t'ap-
porter l'hommage de leur amour ; ils ont in-
cliné sur ton berceau le fer de leurs lances.
La pompe des princes, les respects de leurs
courtisans peuvent-ils valoir cet hommage !

Salut, Roi de Rome ! tu es revêtu en naissant de la pourpre des Césars ; tu te mon-
treras digne un jour de tant d'éclat. Jeune
Prince, tu seras aussi le héros du monde entier. Combien de devoirs, ô Roi de Rome, un
nom si sacré t'impose ! Loin de toi les plaisirs et les jeux folâtres ; loin de toi sur-tout,
cette mollesse honteuse qui s'attache aux
grands, et qui répandant sur eux ses pavots
perfides, détruit le germe des vertus qu'ils
ont apporté en naissant. Telle se flétrit une
jeune plante que des soins imprudens veulent

garantir contre les intempéries des saisons ; arrachée du sol maternel où elle aurait bravé les vents et l'orage, privée du bienfait d'un air libre et pur, elle languit, se dessèche et penche décolorée.

A combien d'études sérieuses doit se livrer, dès son enfance, le chef d'un grand peuple ! C'est ainsi qu'Alcide au berceau étouffe deux serpens, et s'essaie déjà contre les monstres dont il doit purger la terre. Ainsi, dans ses premières années, ton auguste père méditait en silence et se préparait à l'art de régner. Quelle main sûre te pourra tracer les devoirs auxquels t'assujettit le bandeau des Rois ? Ah ! quel que soit l'instituteur chargé de ce soin, l'Histoire et Napoléon t'offriront toujours de grands modèles à suivre.

Alexandre, généreux, impatient, magnanime dans ses projets, t'apprendra comme on forme de vastes desseins ; mais il t'apprendra aussi qu'un prince doit sur-tout vaincre sa propre colère. Tu plaindras la fin d'Annibal, qui avait mérité un sort plus heureux. Que le vertueux Scipion enflamme tes sens d'une noble jalousie ! Tu verras dans les héros de la Grèce, dans ceux de l'antique Rome, la valeur unie à l'obéissance aux lois. Bayard expirant de ses blessures, t'arrachera sans doute quelques larmes, et tu craindras d'en répandre sur son rival orgueilleux, qui succombe à son tour au milieu d'un nouveau triomphe. Tu sauras, avec le vainqueur de Pharsale, comme un général habile doit tout préparer pour le succès, et sur-tout comme il profite de la victoire. Le fils de Pepin commande depuis la Vistule jusqu'aux bords du Tibre; il serait plus grand pour nous, sans les prodiges dont nous avons été les témoins. Les Caligula, les Néron, passeront devant tes yeux comme des vapeurs qui s'élèvent du sein des marais, et qui retombent ensuite sans pouvoir obscurcir le jour. Que les Trajan, les Titus, sans cesse présens à ta mémoire, t'instruisent dans l'art de rendre heureux les peuples soumis à ton sceptre. Tu verras les nations s'élever par degrés insensibles, pour tomber ensuite les unes sur les autres. Tu rechercheras les causes cachées qui amènent ces grands bouleversemens. Hélas! tout ce qui appartient à l'homme doit-il naître et mourir comme lui! Dans les siècles les plus reculés, le vaste Empire des Gaules ne sera-t-il plus qu'un vain nom comme celui des Mèdes et des Assyriens! Songe alors qu'on ne prononcera qu'avec respect le nom de son fondateur ; que le tien ne soit pas indigne de paraître après ce nom sacré, qui déjà a rempli toute la terre.

Quels sujets plus nobles doivent occuper tes pensées naissantes! Ce sont là les travaux, ce sont les jeux de ton premier âge, ô Roi de Rome!

Ton intelligence avide demandera bientôt des leçons plus hautes. Il est temps pour toi d'étudier l'histoire du héros qui a réparé les maux de la France. Tu le suivras en Italie, sur le pont d'Arcole, dans ces plaines de la Lombardie, fameuses par tant de batailles. Tu palpiteras quelquefois de crainte, en voyant ton auguste père au milieu de tant d'ennemis ; tu veux courir le défendre, et ta main saisit le dard des guerriers. Dissipe tes alarmes, ô jeune enfant! Le Destin veille sur Napoléon. Tu accompagneras les phalanges qui ont triomphé en Egypte et en Syrie, qui n'ont pas craint d'affronter ces plaines brûlantes où le voyageur accablé croit voir à chaque instant des torrens de feu sortir du sein de la terre! Dans quel sombre désespoir je vous vois plongées, ombres magnanimes, inventeurs sacrés des arts! Craignez-vous qu'un nouveau Cambyse, un farouche Omar, ne viennent détruire les faibles restes échappés à la furie de vos oppresseurs ? Cessez de gémir, ô Bardes de Memphis, c'est l'ami des arts, un nouvel Alexandre, qui vient sur vos bords ; jeune, intrépide comme lui, mais actif sans emportement, et joignant au calme de l'âge mûr l'audace de la jeunesse. S'il vient parmi vous, c'est pour ramener les sciences dans leur première patrie. Il s'avance accompagné des sages interprètes de la nature ; que vos harpes aériennes retentissent par-tout sur le passage. Ce n'est pas lui dont la main versera la stérilité sur vos plaines, et qui froidement parricide, rompant les digues opposées aux flots de la mer......... Un pareil forfait n'était dû qu'aux fils d'Albion.

Mais la France appelle à son tour l'homme dont la seule présence nous a consolés ; elle demande le jeune guerrier qui avait déjà rempli l'Univers du bruit de son nom. Il part, et vous gémissez, ô Bardes ! Mornes, affligés, vous vous couvrez le visage, et vous fuyez loin de moi emportés sur vos humides brouillards. Il est arrivé sur tes bords, ô heureuse France ! Quitte les habits de deuil, les vêtemens de tristesse ; qu'ils soient le partage de tes ennemis. Hélas ! dans leur espoir insensé, ils se promettaient déjà de partager tes dépouilles ; ils se repaissaient d'avance de tes larmes et de ta misère. Le héros se présente, ils se retirent épouvantés. Cependant par combien de joie tu célèbres son retour ! De quelle nouvelle splendeur tu es revêtue, ô ma patrie ! Les ténèbres se sont dissipées, et la gloire en paraît plus pure et plus éclatante. Ainsi, après de longs jours d'orage, le ciel renaît pour nous, et plus doux et plus serein. De nouveaux dangers, de nouveaux ennemis, appellent Napoléon ; mais combien de maux il a déjà réparés ! L'honneur, la vertu, la justice ont repris leurs droits. L'ordre s'établit dans toutes les parties de l'Empire, et la sûreté, mère du bonheur, revient habiter au sein des familles. Grâce au ciel, jeune Prince, tes devoirs seront plus doux et plus faciles à remplir ; mais la trompette guerrière retentit parmi les glaces du nord. Marchez, indomptables légions, allez affronter ces climats où règne le sombre hiver ; que votre courage triomphe par-tout des hommes et de la nature.

Plaines d'Austerlitz, de Jéna, d'Eyleau, combien de guerriers expirent sous le fer des enfans des Gaules ; combien d'ossemens restent enfouis sous vos guérêts ? O vous , fils de la Neva, dites s'ils sont faibles ceux qui ont vaincu à Tilsitt. Quel est ce puissant royaume ébranlé en ses fondemens ? Va-t-il grossir la foule des états qui se sont écroulés devant nos phalanges ? Tu gémis , ombre du grand Frédéric , et tu t'affliges de voir tes armes passer en des mains étrangères ; mais que ton orgueil se console dans cet hommage que rend le héros à tes vertus. O champs d'Esling, et vous, champs de Wagram, quelles sublimes leçons vous donnez au successeur de Napoléon ! Qu'il apprenne que la constance triomphe de tous les obstacles ! Les bataillons ennemis s'enfuient dispersés ; ils se dédommagent de leur fuite par l'honneur d'avoir arrêté quelque temps le vainqueur de Jena. Quelle est cette fille céleste qui descend au milieu des nuages ? Elle s'adresse à tous les chefs des guerriers ; à sa voix le sang cesse de couler , les haines et les fureurs s'apaisent. Tu souris déjà dans ton berceau , ô jeune enfant ! tu as reconnu ton auguste mère. Fuyez loin d'ici , ô scènes d'horreur; ombres des héros , dérobez à ses yeux les voiles sanglans qui vous couvrent. Vous avez

long-temps contristé son ame sensible. D'autres leçons plus difficiles, peut-être, lui sont
maintenant nécessaires. Portés sur vos brouillards, allez montrer vos nobles blessures aux
faibles successeurs du fier Samnite et du
Volsque belliqueux. Il ne s'agit plus de défendre un peuple contre d'insolens oppresseurs, ou de tromper par une attaque savante
les efforts d'une politique astucieuse. Il faut
assujettir l'homme à l'empire du devoir. Il
faut, d'une main adroite, tantôt compri-
mer ses penchans, et tantôt leur abandon-
ner un libre essor. Il faut enfin savoir,
sans le captiver, le soumettre au joug de la
loi. L'homme sans frein, livré à lui-même,
victime d'une imagination ardente, place le
bonheur dans les écarts d'une licence effré-
née. Hélas ! entraîné par ses passions, égaré
par de fausses lueurs, il court souvent se
précipiter dans l'abîme. Tel un cheval fou-
gueux, dédaignant toute contrainte, s'échappe
de la prairie; il fuit au hasard dans la cam-
pagne; emporté par son audace imprudente,
il franchit fossés, ravines, torrents; il af-
fronte, il brave tous les dangers; rien ne
l'arrête dans sa course impétueuse. Ses na-
seaux brûlans semblent exhaler des torrens

de flammes, et son épaisse crinière flotte abandonnée aux vents. Quelquefois, sur le penchant d'un coteau, il suspend sa course rapide ; il regarde en arrière et il mesure d'un œil fier l'intervalle qu'il a parcouru. Ses jarrets souples et dociles balancent son corps avec grâce, et son pied impatient élève autour de lui des tourbillons de poussière. Le chasseur admire sa noble assurance et son port majestueux. L'animal superbe écoute ; les vents légers lui ont apporté les soupirs de son amante ; il fuit de nouveau avec la même impétuosité ; ses flancs déchirés par les ronces, palpitent d'amour et de jalousie ; il succombe enfin couvert de sueur, épuisé de fatigue ; ses hennissemens retentissent dans les rochers, mais rien ne répond à sa voix. Il est seul, loin de ses compagnons, devenu la facile proie de ses ennemis. Ainsi dans les degrés divers de la vie civilisée, sollicités par la fougue de leurs sens, les hommes ont sans cesse besoin d'être contenus par l'inflexible justice de la loi.

Tels sont les principes et les devoirs du législateur, consacrés dans cet immortel ouvrage où la froide et calme raison se trouve toujours d'accord avec les élans du génie.

Que ce livre, ô Roi de Rome, soit ton étude constante ; que tes jeunes mains ne le quittent jamais ! Ainsi, dès l'âge le plus tendre, les princes hébreux traçaient eux-mêmes les caractères des livres sacrés. Médite en silence et dans la solitude, à l'exemple du héros à qui tu dois le jour ; interroge-le quelquefois, sa grande ame pourra s'épancher dans le sein de son fils. Seul, tu connaîtras les secrets qu'il renferme en lui-même ; seul, tu connaîtras ces projets d'un cœur vaste et magnanime. Fils et successeur de Napoléon, tu dois nous le retracer en entier. Tu l'imiteras dans sa noble simplicité, dans son mépris des vains plaisirs de la vie. N'oublie pas, surtout, que le bonheur des peuples occupe tous les momens de son existence. Repousse les artifices de ces vils flatteurs toujours empressés à tromper les princes. Sache distinguer le serviteur fidèle qui t'offre sans faste son zèle et son dévouement ; qu'il ne soit jamais la victime de ses rivaux ou de ses ennemis. Juste pour les bons, sévère pour les méchans, ne rejette pas la prière de l'infortuné qui souffre ; adoucis sa misère ; que tes bienfaits aillent le chercher jusque dans son humble retraite. Que la compagne choisie dans le temps, selon ton cœur, partage avec toi cette fonction sacrée ; que sa douceur, que son affable bonté, que ses grâces tempèrent sur le trône la sévérité de la puissance; que chérie des Français et de son époux, elle soit enfin semblable à ta mère.

Mais pourras-tu ne pas connaître un jour cette sublime bienfaisance qui lie les princes à leurs sujets malheureux ? Déjà tes mains enfantines savent essuyer des larmes, et ton jeune cœur s'émeut sous les langes aux accens du désespoir.

Salut, Roi de Rome ! combien de souvenirs ce nom ne réveillera-t-il pas dans ton esprit ! Combien de devoirs nouveaux se présenteront pour toi à remplir ! Tu commanderas un jour dans ce Capitole, illustré par tant de triomphes. Tu verras la terre de ces antiques Romains, si fameux par leur valeur et par leurs vertus. Tes pieds fouleront la cendre des Scipion et des Metellus. Que ton nom, que ton exemple fassent revivre ces redoutables légions, devant qui s'est tu l'Univers. Que le gouvernement faible des pontifes disparaisse à jamais de cette terre sacrée du courage. Romains ! vous n'êtes plus soumis à des vieillards superstitieux, sans force,

occupés d'intérêts passagers ; vous êtes ci-
toyens du puissant Empire des Gaules ; ils
vont revivre pour vous, ces jours où vos ai-
gles menaçans dominaient avec tant de splendeur sur le Capitole. Que vos bras robustes
ramènent la charrue dans vos campagnes dé-
solées ; que vos guérêts se couvrent de leurs
anciennes moissons ; repoussez loin de vous
ces vapeurs empoisonnées qui planent sur
vos têtes ; qu'un air pur et serein brille dans
vos fertiles vallées ; que la verte olive se ma-
rie aux larges feuilles du pampre. Faut-il que
Rome languisse avec ses monumens, au sein
des bruyères ! Telle, nous dit - on, Palmyre
présente, au milieu des sables, de vastes débris. Grâce au ciel, Romains, le successeur
de Napoléon commandera dans le Capitole.
Que penseras-tu, jeune Prince, en voyant
du haut de ces tours ces majestueuses colonnes, ces ruines augustes et cet immense
Colisée où se rassemblait Rome entière ? Ah !
ne borne pas ta gloire à la conservation sté-
rile de tant de chefs-d'œuvre. Laisse aussi à
d'autres le soin d'admirer tes propres monu-
-mens. La main d'un pontife a pu élever dans
les airs ce temple sacré qui le dispute par sa
masse et par sa noble hardiesse , à la foule

des débris antiques. Que les légions de Rome guerrière parcourent encore les portiques de Rome, enrichie des productions des arts, et que le règne des Auguste et des Trajan renaisse pour l'heureuse Italie !

FIN.